LA FONTAINE

ET LA

PHILOSOPHIE NATURELLE

PAR

A. COUTANCE

PROFESSEUR D'HISTOIRE NATURELLE A L'ÉCOLE DE MÉDECINE NAVALE
DE BREST

PARIS
C. REINWALD, LIBRAIRE-ÉDITEUR
15, RUE DES SAINTS-PÈRES, 15
—
1882

LA FONTAINE

ET LA

PHILOSOPHIE NATURELLE

TRAVAUX SCIENTIFIQUES

DU MÊME AUTEUR

Emploi des argiles ocreuses des Antilles, comme agent décolorant dans la fabrication des sucres. — Martinique, 1861.

De la Vie et des Travaux de Ch. Gaudichaud, Pharmacien en chef de la marine, membre de l'Institut. — Brest, 1869.

COUTANCE et HUSNOT. — *Énumération des Glumacées des Antilles.* — Caen, Blanc-Hardel, 1871.

De l'influence du Climat de Brest sur l'acclimatation des plantes, et sur un moyen d'introduction des végétaux exotiques. Congrès scientifique de France, 38e session.

Histoire du Chêne dans l'antiquité et dans la nature; ses applications à l'Industrie, aux Constructions navales, aux Sciences, etc., in-8° de 555 pages. — J.-B. Baillère, Paris, 1873.

Tendances végétales. — Brest, 1876.

L'Olivier. Histoire botanique, régions, culture, etc., grand in-8° avec 120 figures et carte, XII, 133 pag. — Paris, J. Rothschild, 1877.

De l'énergie et de la structure musculaire chez les Mollusques acéphales (Mémoire couronné dans la 15e réunion des Sociétés savantes à la Sorbonne), in-8° de 64 pages et deux planches. — Paris, J.-B. Baillère, 1879.

Phénomènes de Capillarité. — Brest, 1879.

Analogies du Climat de Brest avec celui de l'époque tertiaire. — Brest, 1878.

Perle et Corail, dans *Diamants et Pierres précieuses, Bijoux, Joyaux et Orfèvreries.* — Ed. JANNETAZ, E. FONTENAY, Em. VANDERHEYM et A. COUTANCE. — Paris, J. Rothschild, 1880.

Expériences de bord, établissant que les minimum de salure des eaux de l'Océan sont placés sur le trajet des courants, et les maximum hors des courants marins. — Brest, 1880, et *Revue des Sociétés savantes.*

Les Lichens ensemenceurs d'algues. — Brest, 1881.

Souvenirs de Leyde. — Brest, 1881.

Le Bouleau, in-8° de 67 pages avec figures et tableaux. — Paris, Berger-Levrault, 1881.

La Lutte pour l'Existence, in-8° de 500 pages. — Paris, C. Reinwald, 1882.

LA FONTAINE

ET LA

PHILOSOPHIE NATURELLE

PAR

A. COUTANCE

PROFESSEUR D'HISTOIRE NATURELLE A L'ÉCOLE DE MÉDECINE NAVALE

DE BREST

PARIS

C. REINWALD, LIBRAIRE-ÉDITEUR

15, RUE DES SAINTS-PÈRES, 15

—

1882

A M. TAINE

Ajouter après vous un fleuron nouveau à la gloire de La Fontaine, pourra sembler téméraire. Je l'ai tenté cependant, mais pour que ces pages détachées ne soient point perdues, permettez-moi de les placer dans le rayonnement des vôtres.

A. COUTANCE.

Brest, 19 Novembre 1881.

LA FONTAINE

ET

LA PHILOSOPHIE NATURELLE

§ I.

La Fontaine est demeuré l'un des maîtres préférés de notre littérature nationale. Ses fines leçons, son langage naïf et familier, la tournure de ses apologues pleins de délicatesse et de sentiment, en font l'auteur aimé de tous les âges de la vie.

Je ne viens pas refaire l'éloge de cet inimitable charmeur dont Fénelon prédisait, dès ses débuts, la gloire durable; je veux montrer, à côté du philosophe et du moraliste, un excellent observateur des conditions générales de l'existence des êtres. C'est, je crois, un point de vue nouveau du génie de La Fontaine, qui n'a pas encore été mis en relief. M. Taine, dans son attachante étude sur notre fabuliste, a montré combien celui-ci avait aimé et bien compris les bêtes; mais il est beaucoup plus question de leur caractère moral, que des rapports qui les unissent, ou des lois qui les gouvernent. Si je parviens à prouver que, sur ce terrain comme sur les autres, notre poète est resté maître, ce ne sera pas un mérite banal à inscrire au compte d'un écrivain qui vivait dans un temps où les questions de biologie générale étaient peu à la mode. Nous pouvons affirmer que La Fontaine a eu l'intuition des grandes lois qui régissent les luttes pour l'existence, et que, sur quelques points, il a devancé la science de son temps. Le fait est d'autant plus remarquable, qu'à côté de vues profondes, le maître témoigne parfois d'un oubli ou d'un dédain complet des circonstances particulières de la vie des animaux.

Ces taches légères, que nous signalerons en passant, constituent peut-être une anomalie dans une œuvre admirable; nous n'en sommes pas autrement affectés : le défaut disparaît dans l'harmonie de l'ensemble, nous ne prendrons pas la loupe pour l'y chercher, ne voulant pas qu'on nous applique ces mots, écrits par notre auteur lui-même, à l'adresse de ceux qui ont le goût difficile :

(1) Les délicats sont malheureux.
Rien ne saurait les satisfaire.

§ II

Il serait fastidieux de parcourir fable par fable les douze livres du recueil, aussi nous allons suivre une méthode plus philosophique, et dont les résultats seront meilleurs.

Tous ces personnages empruntés au règne animal, et mis en scène par le maître, jouent leur rôle dans ce grand combat de la vie auquel l'homme lui-même est intimement mêlé. D'un bout à l'autre, dans ces fables ingénieuses, c'est la lutte qui se déroule, la lutte du plus fort contre le plus faible, du plus rusé contre le plus

(1) *Contre ceux qui ont le goût difficile.*

naïf, du plus apte contre le moins armé, du méchant contre le meilleur. Ici le succès, là les revers ; ici le triomphe et plus loin la chute.

Ces conflits multipliés ne sont cependant pas une mêlée confuse. Il y a une raison qui domine ces batailles, il y a une législation qui les tempère et les contient et des modalités qui les régissent. Voyons si La Fontaine a su reconnaître cette organisation ; sur quels points il a vu juste, sur quels autres il s'est trompé.

Il reconnaît d'abord que la lutte est une des conditions de ce monde, non seulement entre les éléments, mais encore entre les êtres vivants ; mais la première impression que ce spectacle lui donne, c'est celle d'un immense désordre.

> (1) La discorde a toujours régné dans l'univers,
> Notre monde en fournit mille exemples divers,
> Chez nous cette déesse a plus d'un tributaire.

Il montre ensuite ces antagonismes parmi les puissances inorganiques.

> (2) Commençons par les éléments :
> Vous serez étonnés de voir qu'à tous moments,
> Ils seront appointés contraire.

Puis vient le tour des être vivants :

> (3) Outre ces quatre potentats,
> Combien d'êtres de tous états,
> Se font une guerre éternelle !

Cependant, après avoir raconté les querelles des chiens et des chats, et celles des chats et des souris, il revient en

---

(1) *La querelle des Chiens et des Chats et celle des Chats et des Souris.*

(2) *Idem.*

(3) *Idem.*

terminant à une expression meilleure de la raison de ces batailles, et semble y voir autre chose qu'une discorde fatale et brutale. Écoutez :

(1) . . . . On ne voit sous les cieux
Nul animal, nul être, aucune créature,
Qui n'ait son opposé, c'est la loi de nature.

Voilà qui vaut mieux. Oui, les êtres ont été opposés les uns aux autres dans ces querelles éternelles, et la permanence et la régularité de ce fait constitue bien *une loi de nature* : ce n'est déjà plus la mêlée confuse.

Puis, s'élevant à une philosophie plus haute encore, le poète, confessant son ignorance des motifs de cette loi, ajoute avec une simplicité touchante :

(2) D'en chercher les raisons ce sont soins superflus,
Dieu fait bien ce qu'il fait, et je n'en sais pas plus.

Très-bien dit, brave homme !

Cependant la recherche des mystères de la vie n'a jamais été superflue, si elle conduit toujours à répéter avec plus de certitude :

(3) Dieu fait bien ce qu'il fait........

Si c'est là le dernier mot de l'ignorance naïve et confiante, ce sera aussi le dernier mot de la science la plus profonde et la plus positive.

§ III

Ainsi c'est une loi de nature qui perpétue la lutte. Si elle n'en supprime pas les misères, elle doit la modérer et

(1) *La querelle des Chiens et des Chats et celle des Chats et des Souris.*
(2) *Idem.*
(3) *Idem.*

la contenir dans certaines limites, car la loi c'est l'opposé du désordre et du hasard. Après tout, c'est l'intérêt de la conservation qui parle impérieusement. Comme il comprenait bien les nécessités qui en découlent, ce fin Renard, visir du Sultan Léopard, quand il conseillait à son maître de ne pas laisser grandir un lionceau du voisinage.

> (1) Tels orphelins, Seigneur, ne me font pas pitié !
> Il faut de celui-ci conserver l'amitié,
> Ou s'efforcer de le détruire,
> Avant que la griffe ou la dent
> Lui soit crue, et qu'il soit en état de nous nuire.
> N'y perdez pas un seul moment,
> J'ai fait son horoscope ; il croîtra par la guerre.

Toutes les créatures, d'ailleurs, ont entendu cette formule brève et claire : Croissez et multipliez. — Pour accomplir la loi, il faut l'aliment indispensable et l'espace nécessaire ; c'est pour l'un et pour l'autre que les espèces luttent.

Il faut manger, et la faim, suivant l'expression de Schiller, est avec l'amour un des ressorts qui meuvent ce monde. La Fontaine a mieux exprimé encore cette inéluctable nécessité par ce vers :

> (2) Ventre affamé n'a pas d'oreilles.

A chaque instant il nous montre les êtres aux prises avec cet impérieux besoin qui devient le mobile de leurs actions principales. Dans maintes rencontres le mangé dispute inutilement sa vie au mangeur. Un Rossignol tombe entre les serres d'un Milan :

(1) *Le Lion.*
(2) *Le Milan et le Rossignol.*

(1) Le héraut du printemps lui demande la vie ;
Aussi bien que manger en qui n'a que le son ?
Écoutez plutôt ma chanson.

Le Milan répond :

(2) Vraiment, nous voici bien, lorsque je suis à jeun
Tu me viens parler de musique.

C'est par une autre raison que le Carpillon intercédait un Pêcheur.

(3) Que ferez-vous de moi ? Je ne saurais fournir
Au plus qu'une demi-bouchée,
Laissez-moi Carpe devenir.

Pas plus que le Milan l'homme n'est séduit.

(4) Poisson, mon bel ami, qui faites le prêcheur,
Vous irez dans la poêle, et vous avez beau dire,
Dès ce soir l'on vous fera frire.

La Souris ne réussira pas mieux à toucher un vieux Chat :

(5) Laissez-moi vivre; une souris
De ma taille et de ma dépense
Est-elle à charge en ce logis ?
. . . .
A présent je suis maigre; attendez quelque temps,
Réservez ce repas à messieurs vos enfants.

Et le Chat de répondre :

(6) Est-ce à moi que l'on tient de semblables discours ?
. . . .
Mes enfants trouveront assez d'autres repas.

(1) *Le Milan et le Rossignol,*
(2) *Idem.*
(3) *Le petit Poisson et le Pêcheur.*
(4) *Idem*
(5) *Le vieux Chat et la jeune Souris.*
(6) *Idem.*

Les mangés raisonnent bien, « chacun dit ce qu'il peut pour défendre sa vie, » mais les mangeurs ne tombent pas, on le voit, dans le piège où se laissa prendre un Loup, auquel un Chien représenta sa maigreur, et le mariage prochain de la fille du maître.

(1) Étant de noce, il faut malgré moi que j'engraisse.

En général peu importe le morceau; maigre ou gras, il faut manger. Ainsi raisonnait l'un des deux Chiens en présence de l'âne mort.

(2) . . . . Est-ce un bœuf, un cheval ?

Disait l'un.

(3) Hé ! qu'importe quel animal ?
Dit l'un de ces mâtins : voilà toujours curée,
Le point est de l'avoir.

Tout ceci est bien observé, La Fontaine a raison de nous montrer

(4) . . . . . . Toute espèce lige
De son seul appétit,

et que le plus souvent il n'y a dans les passions animales

(5) . . . . . . Qu'un intérêt de gueule.

Cette nécessité est de tous les âges.
L'oiseau suffit à peine à poursuivre les mouches

(6) Que ses enfants gloutons, d'un bec toujours ouvert,
D'un ton demi-formé, bégayante couvée,
Demandaient par des cris encore mal entendus.

(1) *Le Loup et le Chien maigre.*
(2) *Les deux Chiens et l'Ane mort.*
(3) *Idem.*
(4) *Tribut envoyé par les animaux à Alexandre.*
(5) *Les Lapins.*
(6) *L'Araignée et l'Hirondelle.*

L'humanité n'échappe pas, on le sait, à ce côté pressant des conditions de l'existence.

(1) Point de pain quelquefois, et jamais de repos.

Hélas ! ce ne sont pas les bûcherons seuls qui le disent, et La Fontaine mieux que personne l'a exprimé, en mettant aux prises avec la nécessité toutes les conditions humaines, un marchand, un gentilhomme, un pâtre, un fils de roi. Tous se flattent

(2) De pourvoir au commun besoin.

Ils enseigneront le commerce, le blason, la politique ; mais en attendant, dit le pâtre, beaucoup plus positif que les autres :

(3) Le mois a trente jours, jusqu'à cette échéance
Jeûnerons-nous, par votre foi ?
Vous me donnez une espérance
Belle, mais éloignée, et cependant j'ai faim.
Qui pourvoira pour nous au dîner de demain ?
Ou plutôt sur quelle assurance
Fondez-vous, dites-moi, le souper d'aujourd'hui ?
Avant tout autre, c'est celui
Dont il s'agit.

Rien n'est plus réaliste que ce dialogue.

§ IV

Dans l'animalité, la vie s'écoule entre le besoin de manger et la peur d'être mangé, sentiments régis par un même instinct, celui de la conservation. Le mangeur est

---

(1) *La Mort et le Bûcheron.*
(2) *Le Marchand, le Gentilhomme, le Pâtre et le Fils de roi.*
(3) *Idem.*

toujours mangé ; cette pensée n'est jamais entrée dans une cervelle animale, et ce n'est pas à ce monde-là que le poète pourrait dire :

(1) Si tu veux qu'on t'épargne, épargne aussi les autres.

Épargner les autres, ce serait mourir. Mourir pour ne pas être mangé, la situation n'est pas tenable. Il résulte de cette loi une réciprocité sans limites, un enchaînement qui semble une confusion. L'homme est souvent un des anneaux de cette chaîne alimentaire, où chacun travaille pour soi, sans souci des autres.

La Fontaine a parfaitement analysé cette condition des êtres dans la fable de *l'Oiseleur, l'Autour et l'Alouette*.

(2) Un manant au miroir prenait des oisillons.
Le fantôme brillant attire une alouette,
Aussitôt un autour, planant sur les sillons,
Descend des airs, fond, et se jette
Sur celle qui chantait.......
Pendant qu'à la plumer l'autour est occupé,
Lui-même sous les rêts demeure enveloppé !

En somme, ce ne sont pas là de brillantes conditions d'existence :

(3) D'une part l'appétit, de l'autre le danger.

La Fontaine a bien dépeint ces misères et ces angoisses de la vie de nature dans la fable du Loup et du Chien. Ce dernier, aussi puissant que beau, disait à l'autre :

(4) Quittez les bois, vous ferez bien,
Vos pareils y sont misérables,
Cancres, hères et pauvres diables,
Dont la condition est de mourir de faim,

(1) *L'Oiseleur, l'Autour et l'Alouette.*
(2) *Idem.*
(3) *Le Fermier, le Chien et le Renard.*
(4) *Le Loup et le Chien.*

Car, quoi ! rien d'assuré : point de franche lippée,
Tout à la pointe de l'épée.

C'est la même pensée des souffrances de la lutte que le même auteur exprime en parlant de la paix conclue entre les loups et les brebis. Cette paix

(1) C'était apparemment le bien des deux partis,
Car si les loups mangeaient mainte bête égarée,
Les bergers de leur peau se faisaient maints habits.
Jamais de liberté, ni pour les pâturages,
Ni d'autre part pour les carnages.

Quelle vie que celle des rongeurs, quand ils ont à leurs trousses quelque chat pareil à ce second Rodilard, ce

(2) . . . . fléau des rats
Qui rendait ces derniers misérables.

Ailleurs, c'est la pauvre Aragne, si malheureuse qu'elle finit par s'adresser à Jupiter lui-même :

(3) Entends ma plainte, une fois en ta vie :
Progné me vient enlever les morceaux.
Caracolant, frisant l'air et les eaux,
Elle me prend mes mouches à ma porte.
Miennes je puis les dire, et mon réseau
En serait plein sans ce maudit oiseau.

Aux jours prospères succèdent bientôt de sombres heures,

(4) Car qui peut s'assurer d'être toujours heureux ?

Ainsi en fut-il pour ce Lièvre et cette Perdrix, concitoyens

(1) *Les Loups et les Brebis.*
(2) *Le Chat et un vieux Rat.*
(3) *L'Hirondelle et l'Araignée.*
(4) *Le Lièvre et la Perdrix.*

paisibles d'un champ. Leur bonheur dura peu : une meute survient

> (1) Le pauvre malheureux vient mourir à son gîte.

Et la pauvrette aussi, trop confiante en ses ailes,

> (2) . . . . avait compté
> Sans l'autour aux serres cruelles.

L'histoire de ces deux pigeons qui, s'aimaient d'amour tendre, n'est-elle pas encore tout un poëme des misères et des luttes de l'oiseau ?

§ V

L'animal qui a faim ne saurait raisonner, nous l'avons vu ; sa force, sa ruse, son adresse, il les met au service de ses appétits ; aussi dans ce monde, *la force prime le droit*. A tout prendre le droit à la vie, celui de ne pas être mangé, se heurte au droit de vivre, celui de manger, et la force décide à la fois pour et contre le droit. Tout cela se résume dans l'animalité par cette formule sèche :

> (3) La raison du plus fort est toujours la meilleure.

que La Fontaine répète sous une autre forme en disant aux humains :

> (4) Bergers, bergers, le Loup n'a tort
> Que quand il n'est pas le plus fort.

Dans la fable du Loup et de l'Agneau ce thème est admirablement développé. Ce Loup raisonneur n'est qu'un affamé auquel, ce qui n'arrive pas souvent, il est venu quelques scrupules.

(1) *Le Lièvre et la Perdrix.*
(2) *Idem.*
(3) *Le Loup et l'Agneau.*
(4) *Le Loup et les Bergers.*

C'était un scrupuleux d'un autre genre que ce Lion se joignant à la caravane des animaux qui portaient tribut à Alexandre II le faisait dans le seul but de l'exploiter malhonnêtetment. Q'auraient pu faire le Cheval, le Chameau, le Mulet et l'Ane ?

(1) Econduire un Lion rarement se pratique.

Ce vers résume excellemment la situation.

Ce n'est pas seulement dans la poursuite de la subsistance que la forme prime le droit, il en est de même pour le reste. Il y a dans un coin de l'une des plus jolies scènes du maître l'exposé d'une théorie que le radicalisme le plus pur ne désavouerait pas ; on se croirait en plein congrès de socialistes collectivistes. Il vous souvient de dame Belette qui s'était emparée, un beau matin,

(2) Du palais d'un jeune lapin,

et qui le nez à la fenêtre, attendait le pauvre Jannot attardé

(3) Parmi le thym et la rosée.

Aux sommations du légitime propriétaire,

(4) La dame au nez pointu répondit que la terre
Était au premier occupant ;
C'était un beau sujet de guerre,
Q'un logis où lui-même il n'entrait qu'en rampant !
Et quand ce serait un royaume,
Je voudrais bien savoir, dit-elle, quelle loi
En a pour toujours fait l'octroi
A Jean, fils ou neveu de Pierre ou de Guillaume,
Plutôt qu'à Paul, plutôt qu'à moi.

C'est catégorique, et dame belette nous fait souvenir de quelques fortes têtes contemporaines parmi le beau sexe.

(1) *Tribut envoyé par les animaux à Alexandre.*
(2) (3) (4) *Le Chat, la Belette et le petit Lapin.*

Dans *la Lice et sa compagne*, il y a encore une prise de possession brutale et une déclaration de principes non moins impudente que celle de la belette.

>(1) Je suis prête à sortir avec toute ma bande,
>   Si vous pouvez nous mettre dehors.

§ VI

Dans ces conditions d'existence, les êtres ont dû recevoir d'une nature prévoyante tous les moyens d'attaque et de défense qui leur étaient nécessaires, en un mot les aptitudes indispensables à leurs industries diverses.

La Fontaine ne se serait pas rangé parmi les partisans du perfectionnement continu des espèces. De son temps nul ne songeait encore à faire descendre l'homme du singe et Fagotin n'avait pas la gloire de compter parmi nos ancêtres. Les hommes du grand siècle n'auraient pas osé faire cette injure à Corneille, et Molière eût été là pour donner le signal d'un éclat de rire retentissant. Le fabuliste reconnaissait au contraire chez les animaux une perfection qui les appropriait aux nécessités de leur existence, et leur créait des aptitudes ne laissant rien à désirer.

Dans la fable VII du premier livre, *la Besace*, les animaux comparaissent tous devant Jupiter qui leur dit :

>(2) Si dans son composé quelqu'un trouve à redire,
>   Il peut le déclarer ;
> Je mettrai remède à la chose.

On sait le reste. Tous, comme le singe, à la question : — Êtes-vous satisfait ? — répondirent : — Pourquoi non ?

(1) *La Lice et sa Compagne.*
(2) *La Besace.*

— tout en critiquant le voisin, ce qu'on ne leur demandait pas.

(1) Jupiter les renvoya s'étant censurés tous,
Du reste contents d'eux.

Dans ce charmant colloque entre la Mouche et la Fourmi, qui met aux prises deux commères de bon bec, voit-on poindre le moindre regret sur le lot de chacune ? Comme au contraire elles se trouvent supérieures l'une à l'autre ! C'est que chacune estime qu'elle a tout ce qu'il lui faut dans le milieu spécial où elle est appelée à vivre.

(2) Faut-il que l'amour-propre aveugle les esprits
D'une si terrible manière,
Qu'un vil et rampant animal
A la fille des airs ose se dire égal !
Je hante les palais, je m'assieds à ta table.
Si l'on t'immole un bœuf, j'en goûte devant toi ;
Pendant que celle-ci, chétive et misérable,
Vit trois jours d'un fétu qu'elle a traîné chez soi.
Mais ma mignonne, dites-moi,
Vous campez-vous jamais sur la tête d'un roi,
D'un empereur et d'une belle ?
Je le fais à toute heure, et cent fois si je veux.
. . . .
Puis allez-moi rompre la tête
De vos greniers.

La réponse de la ménagère est connue ; elle aussi ne se plaint pas de son sort, loin de là.

(3) Sur la tête des rois et sur celle des ânes
Vous allez vous planter ; je n'en disconviens pas

(1) *La Besace.*
(2) *La Mouche et la Fourmi.*
(3) *Idem.*

Et je sais que d'un prompt trépas,
Cette importunité est bien souvent punie.

Le trait final est cruel :

(1) . . . . Vous mourrez de faim,
De froid, de langueur, de misère,
Quand Phœbus règnera sur un autre hémisphère.
Alors je jouirai du fruit de mes travaux ;
Je n'irai ni par monts, ni par vaux,
M'exposer au vent, à la pluie ;
Le soin que j'aurai pris de soins m'exemptera.

Le Lièvre et la Tortue discutent aussi sur leurs mérites, et chacun arrive au but dans un ordre inverse de celui que l'"on pourrait prévoir.

Chacun est donc content de son lot et n'envie pas celui du voisin. Ce qui fait la force du Renard ne fait pas celle du Lion.

La Fontaine exprime d'une façon précise que chaque animal a reçu tout ce qui lui était nécessaire pour se tirer d'affaire en toute circonstance ; il semble attacher une grande importance à cette déclaration formelle, qui chez lui était une conviction assise sur des observations attentives ; la moralité à tirer de la fable dans laquelle cette thèse importante est défendue, semble pour lui chose secondaire.

(2) Mais d'où vient qu'au Renard Esope accorde un point :
C'est d'exceller en tours pleins de matoiserie ?
J'en cherche la raison et ne la trouve point.
Quand le Loup a besoin de défendre sa vie,
Ou d'attaquer celle d'autrui,
N'en sait-il pas autant que lui ?
Je crois qu'il en sait plus, et j'oserais peut-être
Avec quelque raison contredire mon maître.

(1) *La Mouche et la Fourmi.*
(2) *Le Loup et le Renard.*

Ce qui fait triompher l'animal dans les luttes de l'existence ne conviendrait pas à l'homme. Donnez une main à l'oiseau, il n'en saura que faire parce qu'il n'est pas assez intelligent; donnez une aile à l'homme, il sera malheureux à cause de son intelligence.

Aussi voyez les compagnons d'Ulysse, métamorphosés en bêtes, comme ils estiment que leurs moyens correspondent à leurs nécessités.

(1) Chers amis, voulez-vous hommes redevenir ?
   On vous rend déjà la parole.
   Le Lion dit, pensant rugir :
   Je n'ai pas la tête si folle !
Moi renoncer aux dons que je viens d'acquérir !
J'ai griffe et dent, et mets en pièces qui m'attaque.
. . . .

Ulysse du Lion court à l'Ours :

   Eh ! mon frère, comme te voilà fait. . . . .
   . . . . comme doit l'être un ours.
   . . . .
   Te déplais-je ? Va-t'en, suis ta route et me laisse.
   Je vis libre et content, sans nul soin qui me presse ;
      Et te dis tout net et tout plat :
      Je ne veux point changer d'état.

§ VII

Ainsi donc, au témoignage des êtres, ils ont ce qui leur est nécessaire pour leur condition. Loin de rêver pour eux un perfectionnement imaginaire, le poète estime que leur sécurité consiste à faire ce que faisaient leurs parents, sans déroger aux vieilles habitudes, à la routine.

(1) *Les compagnons d'Ulysse.*

Les animaux n'ont reçu que des instincts ; les instincts ne sont pas perfectibles, il faut suivre la route tracée. Ainsi le jugeait une jeune Écrevisse.

>(1) Mère Écrevisse un jour à sa fille disait :
>   Comme tu vas, bon Dieu ! Ne peux-tu marcher droit ?
>   Et comme vous allez vous-même, dit la fille.
>   Puis-je autrement marcher que ne fait ma famille ?
>   Veut-on que j'aille droit quand on y va tortu.

La diversité d'allures cadre avec la manière de combattre de chaque espèce, sans qu'elle y puisse jamais déroger. L'animal est incapable de perfectionner sa stratégie. Aussi quand La Fontaine nous montre le Lion s'en allant en guerre, il nous apprend que l'habile capitaine ne voulut pas confondre les contingents, sachant que chacun aurait son rôle et son emploi, en dehors desquels on n'en pourrait rien tirer.

>(2)   L'Éléphant devait sur son dos
>   Porter l'attirail nécessaire
>   Et combattre à son ordinaire.
>   L'Ours s'apprêter pour les assauts,
>   Le Renard ménager les secrètes pratiques,
>   Et le Singe amuser l'ennemi par ses tours.

Et à ceux qui voulaient renvoyer l'Ane et le Lièvre, le monarque répondit :

>(3) L'Ane effraiera les gens, nous servant de trompette,
>   Et le Lièvre pourra nous servir de courrier.

Les appropriations les plus parfaites à leur genre de vie éclatent donc au milieu d'une diversité très-grande. La

(1) *L'Écrevisse et sa fille.*
(2) (3) *Le Lion s'en allant en guerre.*

Fontaine insiste de nouveau sur ce fait important quand il met ces mots dans la bouche de Junon s'adressant au Paon :

> (1) Tout animal n'a pas toutes propriétés,
> Nous vous avons donné diverses qualités.
> Les uns ont la grandeur et la force en partage,
> Le Faucon est léger, l'Aigle plein de courage.

Il y revient encore ailleurs :

> (2) Tout en tout est divers, ôtez-vous de l'esprit
> Qu'aucun être ait été composé sur le vôtre.

Les caractères eux-mêmes s'harmonisent avec les conditions de la lutte.

> (3) Jupiter sur un seul modèle
> N'a pas formé tous les esprits,
> Il est des naturels de Coqs et de Perdrix.

Pour achever cette démonstration, l'ingénieux auteur nous montre partout la persistance du caractère et de l'habitude ramenant l'animal dans les sentiers battus. C'est, par exemple, le Renard vêtu de la peau du Loup, et qui, grâce à ce stratagème, s'était emparé d'une brebis.

> (4) Il entendit chanter un Coq du voisinage ;
> Le disciple aussitôt droit au Coq s'en alla.

Ailleurs, c'est le berger Guillot encourageant ses moutons à la résistance :

> (5) Foi de peuple d'honneur ils lui promirent tous,
> De ne bouger non plus qu'un terme.

(1) *Le Paon se plaignant à Junon.*
(2) *Le Cierge.*
(3) *La Perdrix et les Coqs.*
(4) *Le Loup et le Renard.*
(5) *Le Berger et son troupeau.*

Nous voulons, dirent-ils, étouffer le glouton
Qui nous a pris Robin mouton.

Vain serment, le naturel était là.

(1) Un Loup parut : tout le troupeau s'enfuit.

Qu'il fut donc bien avisé ce Rat qui, après avoir sauvé un Chat pris dans des filets, refusait les baisers de celui-ci.

(2)   Aucun traité
Peut-il forcer un Chat à la reconnaissance ?

Le poète connaissait bien son monde quand, malgré sa transformation en femme, il vous montre la Chatte courant aux Souris à la première occasion.

(3) Que sert-il qu'on se contrefasse ?
Prétendre ainsi changer est une illusion.
L'on reprend sa première trace
A la première occasion.

Il en sera toujours ainsi dans l'animalité : les mécomptes et les périls attendent l'animal qui abandonnerait sa première trace.

(4) Quiconque est loup agisse en loup ;
C'est le plus certain de beaucoup.

Un Ane voulant imiter un petit Chien en est encore un exemple mémorable. Répétons donc avec notre guide :

(5) Ne forçons point notre talent,
Nous ne ferions rien avec grâce.

(1) *Le Berger et son troupeau.*
(2) *Le Chat et le Rat.*
(3) *Le Loup et le Renard.*
(4) *Le Loup devenu berger.*
(5) *L'Ane et le petit Chien.*

Ainsi cette permanence dans la routine, loin de compromettre l'existence des êtres, est éminemment conservatrice. Il faudrait craindre pour le sort d'une espèce spontanément perfectible; elle ne tarderait pas à disparaître, le monde ambiant avec lequel elle doit cadrer ne s'étant pas modifié comme elle. Les Boucs n'auront jamais

(1) Autant de jugement que de barbe au menton,
Et ne verront jamais plus loin que leur nez.

Les Renards demeureront passés maîtres en fait de tromperies, et pourtant ni la nation des Boucs ne sera vaincue dans les luttes, ni celle des Renards ne dépassera les limites qui lui ont été tracées.

Les petits oiseaux n'écouteront pas l'Hirondelle qui, en leur conseillant d'arracher le chanvre en herbe, leur demandait un acte qui n'est pas dans leurs traditions et dans leurs instincts imperfectibles.

(2) Nous n'écoutons d'instincts que ceux qui sont les nôtres.

C'est là encore un de ces traits qui, chez le poète, résument de justes et profondes observations.

§ VIII

Si dans les luttes pour l'existence chacun combat à sa façon et possède une tactique invariable et spéciale, c'est que cet art concorde avec des armes qui ne changent pas non plus. Si l'homme n'avait su que mordre ou ruer, s'il en était même toujours resté aux haches de silex, ses progrès n'auraient pas été grands, il en serait encore à

(1) *Le Renard et le Bouc.*
(2) *L'Hirondelle et les petits Oiseaux.*

l'âge de pierre. L'animal n'a pas fait un pas en dehors de ses conditions primitives, il attaque, il se défend toujours de la même manière, sauf de très-rares exceptions.

> (1)   Le Lion, terreur des forêts,
> Chargé d'ans et pleurant son antique prouesse,
>   Fut enfin attaqué par ses propres sujets,
>   Devenus forts par sa faiblesse.
> Le Cheval s'approchant lui donne un coup de pied,
> Le Loup un coup de dent, le Bœuf un coup de corne.

Le Cheval n'a jamais inventé d'autre moyen d'attaque ou de défense que la ruade. La Fontaine le met deux fois en scène contre le Loup, et deux fois à ce dernier, le quadrupède

> (2) . . . . lâche une ruade
> Qui vous lui met en marmelade
> Les mandibules et les dents.

Le Rat n'a d'autres armes que cet outil merveilleux qui le place parmi les rongeurs, et lui a valu le nom de Rongemaille. La Fontaine n'a pas fait du Rat un égoïste, réservant pour lui seul ce moyen de défense; c'est un sauveteur patenté, qui aurait mérité plaque et médaille, mais c'est toujours la même industrie. Une première fois c'est un Lion qu'il délivre.

> (3) Sire Rat accourut et fit tant par ses dents,
> Qu'une maille rongée emporta tout l'ouvrage.

Une autre fois c'est son plus mortel ennemi, le Chat, qu'il fait sortir du même embarras par le même procédé. C'est grâce à son instrument de rongeur

(1) *Le Lion devenu vieux.*
(2) *Le Cheval et le Loup.*
(3) *Le Lion et le Rat.*

(1) Qu'il détache un chainon, puis un autre, et puis tant,
Qu'il dégage enfin l'hypocrite.

Enfin, c'est encore lui qui fut le héros d'un sauvetage non moins fameux, celui de la Gazelle et de la Tortue.

(2) Rongemaille, le Rat eut à bon droit ce nom,
Coupe les nœuds des lacs.

Et quand la Tortue fut prise à son tour

(3) Rongemaille
Autour des nœuds du sac tant opère et travaille,
Qu'il délivre encor l'autre sœur.

Cette répétition des moyens d'action du même animal est d'un bon observateur. Il en est toujours ainsi. L'homme seul invente de nouveaux trucs dans les luttes, parce que son arme à lui, à lui seul, est perfectible, l'intelligence.

La nature n'a rien fait d'inutile, et les organes les plus insignifiants, en apparence, ont une importance très-grande. On sait l'histoire de ce Renard qui eut la queue coupée; il voulut en dégoûter les autres.

(4) Que faisons-nous, dit-il, de ce poids inutile
Et qui va balayant tous les sentiers fangeux :
Que nous sert cette queue? Il faut qu'on se la coupe.

Les Renards, qui en connaissaient le prix, furent d'un autre avis :

(5) La mode en fut continuée.

C'est en effet une arme défensive indispensable que cet appendice banal qui termine l'axe vertébral. Sans lui, la vie des animaux à poil ras, carnassiers et ruminants,

(1) *Le Chat et le Rat.*
(2) (3) *Le Corbeau, la Gazelle, la Tortue et le Rat.*
(4) (5) *Le Renard qui a la queue coupée.*

serait un supplice perpétuel. Que l'animal paisse ou dorme, elle va et vient sans cesse, remplissant son office. La nature la proportionne aux nécessités de chacun. Elle la raccourcit chez l'Eléphant, le Rhinocéros à peau épaisse, chez l'Ours, l'Alpaca et le Lama aux toisons fournies; et la supprime chez les Mammifères aquatiques, Phoque, Morse, qui n'en sauraient que faire. La proposition du Renard n'aurait pas mieux réussi chez les Lions. Si l'un d'eux avait dû triompher du Moucheron, c'eût été à l'aide de cette queue qu'il faisait résonner

(1) . . . . à l'entour de ses flancs.

Les armes données aux êtres ne les rendent d'ailleurs invulnérables que dans certaines limites. Pour ce balancement merveilleux des êtres, il est nécessaire que chaque combattant puisse triompher de celui dont il vit, et ne soit pas invulnérable pour d'autres.

(2) . . . . . . Corsaires à corsaires,
L'un et l'autre s'attaquant, ne font pas leurs affaires.

La Fontaine excelle à nous montrer cet aspect si vrai des choses auquel beaucoup de naturalistes de profession ne font pas attention. Tout vainqueur a sa roche Tarpeïenne; que souvent il arrive

(3) Que tel est pris qui croyait prendre.

Rongemaille, ce héros de tout à l'heure, ce libérateur du Lion et du Chat, de la Gazelle et de la Tortue, voyant une huître qui bâille,

(4) Approche de l'écaille, allonge un peu le cou,
Se sent pris comme aux lacs, car l'huître tout d'un coup
Se referme.

(1) *Le Lion et le Moucheron.*
(2) *Tribut envoyé par les animaux à Alexandre.*
(3) (4) *Le Rat et l'Huitre.*

Le Moucheron vient d'abattre le Lion.

(1) L'insecte du combat se retire avec gloire,
Comme il sonna la charge, il sonne la victoire,
Va partout l'annoncer et rencontre en chemin
L'embuscade d'une Araignée,
Il y rencontre aussi sa fin.

C'est encore au sortir d'un triomphe que certain Coq sur les toits

(2) S'alla percher et chanter sa victoire.
Un Vautour entendit sa voix :
Adieu les amours et la gloire !
Tout cet orgueil périt sous l'ongle du Vautour.

L'Araignée tissait sa toile et prenait des mouches.

(3) L'Hirondelle en passant emporta toile et tout,
Et l'animal pendant au bout.

Voyez enfin cette bonne commère la Grenouille, attirant par un lien un imbécile de Rat dans son empire. Je dis imbécile, car à quoi donc pensait Rongemaille en ce moment, de ne pas donner un coup de dent à ce lien.

(4) Déjà dans son esprit la galante le croque
(C'était à son avis un excellent morceau).

Vains projets.

(5) Un Milan, qui dans l'air planait, faisait la ronde,
Voit d'en haut le pauvret se débattant sur l'onde ;
Il fond dessus, l'enlève et par le même moyen
La Grenouille et le lien.

(1) *Le Lion et le Moucheron.*
(2) *Les deux Coqs.*
(3) *L'Araiguée et l'Hirondelle.*
(4) (5) *La Grenouille et le Rat.*

Il y a dans tous ces faits une grande loi de la nature, celle du balancement. Le Créateur, en donnant aux êtres ce « ventre affamé qui n'a pas d'oreilles », exposait les faibles à disparaître devant les forts; mais il a trouvé le remède dans le même principe, en opposant les créatures les unes aux autres, et en corrigeant l'intempérance par l'intempérance elle-même. La Fontaine résume admirablement cette grande loi dans cette fable si philosophique intitulée : *Rien de trop!* et dans laquelle, on peut le dire, il devance les connaissances de son temps. Elle est à citer toute entière comme un des meilleurs titres du poète à prendre rang parmi les plus grands observateurs de la nature :

(1) Je ne vois point de créature
Se comporter modérément.
Il est certain tempérament,
Que le maître de la nature
Veut que l'on garde en tout. Le fait-on ? Nullement !
Soit en bien, soit en mal, cela n'arrive guère.
Le Blé, riche présent de la blonde Cérès,
Trop touffu bien souvent épuise les guérets,
En superfluités s'épandant d'ordinaire,
Et poussant trop abondamment
Il ôte son fruit à l'aliment.
L'arbre n'en fait pas moins, tant le luxe sait plaire !
Pour corriger le Blé Dieu permit aux Moutons
De retrancher l'excès des prodigues moissons :
Tout en travers ils se jetèrent,
Gâtèrent tout et tout broutèrent ;
Tant que le Ciel permit aux Loups
D'en croquer quelques-uns; ils les croquèrent tous,

1) *Rien de trop.*

> S'ils ne le firent pas du moins ils y tachèrent ;
> Puis le Ciel permit aux humains
> De punir ces derniers : les humains abusèrent
> A leur tour des ordres divins.

La Fontaine aurait pu, en continuant cette théorie du balancement des êtres les uns par les autres, montrer quels adversaires le Créateur adresse à l'homme pour l'arrêter à son tour dans sa dévastation. Mais le microscope n'avait pas encore révélé les formidables légions des infiniments petits, et Pasteur ne devait que plus tard montrer l'armée des Vibrions qui nous dévorent.

Ce n'est pas seulement dans *Rien de trop*, que le fabuliste touche à ce grand fait, il en est pénétré et y revient ailleurs. Dans les *Vautours et les Pigeons*, par exemple, il montre l'imprudence des gens de la nation

> (1) Au col changeant, au cœur tendre et fidèle.

s'interposant pour faire cesser la querelle des Vautours, qui seule pouvait leur assurer un peu de répit.

> (2) Peu de prudence eurent les pauvres gens,
> D'accommoder un peuple si sauvage.

C'est la même pensée dans la fable des deux Taureaux et de la Grenouille ; toute modification à l'ordre existant est une occasion de trouble, la vie en pâtit quelque peu. Elle raisonnait bien, dame Grenouille, quand elle jugeait que le vaincu, chassé de la prairie, irait dans leur marais régner sur les roseaux.

> (3) L'un des Taureaux en leur demeure
> S'alla cacher à leurs dépens,
> Il en écrasait vingt par heure.

(1) (2) *Les Vautours et les Pigeons*.
(3) *Les deux Taureaux et la Grenouille*.

Le balancement des espèces accuse donc des lois qui régissent les luttes pour l'existence, les tempèrent ou les localisent. Parmi ces lois, l'une des plus importantes est la fixité des attributions alimentaires, qui fait, comme nous venons de le dire, que telle espèce est le modérateur de l'excès de fécondité d'une autre forme de vie.

Tous les êtres sont appelés au banquet de la vie, mais sans confusion. Comme dans les repas officiels, chacun a sa place marquée.

Quand le cadavre d'un animal gît dans la plaine, des nuées de vautours arrivent successivement; les plus puissants d'abord, les plus faibles ensuite, jusqu'au Polyborus que l'on aperçoit entre les côtes de la carcasse dépouillée, comme un oiseau dans une cage. Les fourmis achèvent de nettoyer la charpente osseuse, et après elles d'infimes insectes pénètrent dans les vacuoles des os pour y manger la graisse,

Tarde venientibus ossa,

que je traduis par ce vers du poète :

(1) Tous les mangeurs de gens ne sont pas grands seigneurs.

La Fontaine a donc bien exprimé cette répartition des convives à la grande table du monde : non-seulement les places sont déterminées, mais les plats aussi. L'un vivra de proies vivantes, un autre de charognes. Celui-ci boit le suc des fleurs, celui-là ronge la substance des feuilles. Un grain de blé, un haricot, une lentille, donnent le vivre et le couvert à des espèces diverses, et tous sans concurrence vivent en paix. Dans ce but, ils ont reçu une structure qui les approprie à tel ou tel régime. Si vous armez deux convives, l'un d'une fourchette, l'autre d'une cuiller, ils ne se rencontreront pas autour des mêmes plats. Notre

(1) *Le Corbeau voulant imiter l'Aigle.*

auteur a donné de ces conditions diverses une excellente démonstration dans la fable du Renard et de la Cigogne. Voyez-vous ce vase à long col et d'étroite embouchure,

> (1) Le bec de la Cigogne y pouvait bien passer,
> Mais le museau du sire était d'autre mesure.

Il lui fallut à jeûn retourner au logis. Eh! bien, la nature sert aussi ses nectars dans des coupes diverses, et pour ne parler que des papillons, suivant la longueur de leur trompe, ils ont l'accès de telles ou telles fleurs.

Il faut bien reconnaître que le poète n'a pas toujours rigoureusement observé cette loi des attributions alimentaires dans la mise en scène de ses personnages, et qu'il en est parfois résulté des effets singuliers.

Qui n'a relu et médité cette fable charmante et d'un sens si profond intitulée : *La Génisse, la Chèvre et la Brebis en société du Lion?* C'est la peinture exacte de la domination brutale, et l'apologie du droit du plus fort. Quel maître que ce Lion, et quelle gradation dans ses titres et ses prétentions, de sire, de plus vaillant, de plus fort, enfin d'autorité avec laquelle on ne raisonne pas, et devant laquelle les meilleurs droits ne peuvent tenir un instant. Les trois premières parts sont encore discutées, mais

> (2) Si quelqu'une de vous touche à la quatrième,
> Je l'étranglerai tout d'abord.

On voit la figure de ces trois bonnes bêtes la Génisse, la Chèvre, la Brebis, devant le tonnerre de cette déclaration finale. C'est un chef-d'œuvre; on l'a dit depuis longtemps,

---

(1) *Le Renard et la Cigogne.*
(2) *Idem.*

et j'aime à le répéter. A qui donc, en lisant cette fable, est-il venu la pensée que cette histoire, d'un sens moral si vrai, était une énormité biologique.

Admettons que le Lion fût un prince honnête, et qu'il eût distribué à ses sociétaires des dividendes égaux, taillés dans ce Cerf si fâcheusement tombé dans les lacs de la Chèvre, une sœur, au moins une cousine. Qu'auraient fait les trois dames de leur morceau? La moindre botte de paille eût mieux fait leur affaire, que ce quartier sanglant de Cerf, un ruminant comme elles.

Les attributions alimentaires du Lion n'y sont pas méconnues; le fabuliste insiste en maint endroit sur leur fixité.

(1) Le gibier du lion ce ne sont point moineaux,
　　Mais beaux et bons sangliers, daims et cerfs bons et beaux.

Dans *les Animaux malades de la peste*, il s'accuse lui-même :

(2) 　　　　J'ai dévoré force moutons,
　　Même il m'est arrivé quelquefois de manger
　　　　Le berger.

Même dédain des attributions alimentaires dans *la Cigale et la Fourmi*. L'instrument de la Cigale, non pas celui de musique, mais de nutrition, l'adapte à une alimentation bien différente de celle des Fourmis. Elle est faite pour piquer l'écorce des frênes, et faire couler les sucs dont l'insecte se nourrit. La pauvre joueuse de tambourin n'aurait que faire des mouches et des vermisseaux de la Fourmi, sa destinée étant de ne pas survivre à la la belle saison.

Il y a encore quelque chose d'anormal dans la société Gazelle, Rat, Corbeau, Tortue.

(1) *Le Lion et l'Ane chassant.*
(2) *Les Animaux malades de la peste.*

(1) Le choix d'une demeure aux humains inconnue,
Assurait leur félicité.

Nous cherchons en vain une demeure dont les appartements pourraient convenir à des locataires si différents, surtout quand le maître nous les représente réunis

(2) . . . . à l'heure des repas.

C'est à cette heure-là précisément que Gazelle, Rat, Corbeau et Tortue, sont dans des restaurants distincts.

Bien que le Renard se plaigne au Loup de son ordinaire,

(3) . . . . Pour tous mets,
J'ai souvent un vieux coq ou de maigres poulets.

il y revient, nous l'avons déjà vu, à la première occasion.

Les corbeaux ne sont pas faits pour enlever les moutons, et le poète, cette fois, nous montre qu'il en coûte de méconnaître ses attributions alimentaires. Sans doute ce Corbeau audacieux

(4) Jura, mais un peu tard, qu'on ne l'y prendrait plus.

§ XI

Le rôle de l'homme dans la création est bien jugé par le fabuliste. Il nous le montre injuste et cruel,

(5) Etant de ces gens-là qui sur les animaux
Se font un chimérique empire.

(1) (2) *Le Corbeau, la Gazelle, la Tortue et le Rat.*
(3) *Le Renard et le Loup.*
(4) *Le Renard et le Corbeau.*
(5) *Les Lapins.*

Dans le discours au duc de la Rochefoucault, qui sert de préface à la fable des Lapins, il met l'homme, sa façon d'agir sur les êtres qui l'entourent, au même niveau que ces derniers :

> (1) Je me suis souvent dit, voyant de quelle sorte
> L'homme agit et qu'il se comporte,
> En mille occasions comme les animaux :
> Le roi de ces gens-là n'a pas moins de défauts
> Que ses sujets.

Faisant un pas de plus, le poète n'hésite même pas à nous placer au-dessous des animaux, qui ont l'excuse d'obéir à une loi, et il nous adresse ce lardon :

> (2) De tous les animaux, l'homme a le plus de pente
> A se porter dedans l'excès.

Les hommes, en effet, ne connaissent pas de frein, et quand ils descendent dans la mêlée, on a pu dire d'eux, plus d'une fois :

> (3) . . . . Les humains abusèrent
> A leur tour des ordres divins.

Dans la fable du Loup et du Chasseur, l'insatiabilité humaine et son génie de destruction sont pris sur le vif. Après avoir abattu Daim, Faon, Sanglier,

> (4) C'était assez de biens. Mais quoi ! rien ne remplit
> Les vastes appétits d'un faiseur de conquêtes.

L'animalité dans ces fables devient l'accusatrice de l'Homme. Voici le Chien à qui l'on a coupé les oreilles, qui lui crie :

> (5) O rois des animaux, ou plutôt leurs tyrans !

(1) *Les Lapins.*
(2) (3) *Rien de trop.*
(4) *Le Loup et le Chasseur.*
(5) *Le Chien à qui l'on a coupé les oreilles.*

Ailleurs, c'est l'Oiseau blessé d'une flèche empennée :

(1) Cruels humains, vous tirez de nos ailes,
De quoi faire voler ces machines mortelles !

La Couleuvre en mourant lui dit :

(2) Que le symbole des ingrats,
Ce n'est point le serpent, c'est l'homme.

Tous les témoins à charge de ce grand procès viennent tour à tour déposer contre lui ; voici la Vache :

(3) La Couleuvre a raison, pourquoi dissimuler ?
Je nourris celui-ci depuis longues années :
Il n'a sans mes bienfaits passé nulles journées,
Tout n'est que pour lui seul, mon lait et mes enfants.
Même j'ai rétabli sa santé, que les ans
  Avaient altérée, et mes peines
Ont pour but son plaisir, ainsi que son besoin.
Enfin me voilà vieille, il me laisse en un coin
Sans herbe : s'il voulait encor me laisser paître !
Mais je suis attachée, et si j'eusse eu pour maître
Un serpent, eût-il jamais poussé si loin
  L'ingratitude ?

Et le Bœuf :

(4)   Il dit que du labeur des ans
Pour nous seuls il portait les soins les plus pesans.
Parcourant sans cesser ce long cercle de peines
Qui, revenant sur soi, ramenait dans nos plaines
Ce que Cérès nous donne, et vend aux animaux.
  Que cette suite de travaux,

(1) *L'Oiseau blessé d'une flèche.*
(2) *L'Homme et la Couleuvre.*
(3) *Idem.*
(4) *Idem.*

Pour récompense avait de tous, tant que nous sommes,
Force coups, peu de gré : puis, quand il était vieux,
On croyait l'honorer chaque fois que les hommes
Achetaient de son sang l'indulgence des dieux.

Et c'est nous, cependant, qui faisons aux autres un reproche de leur cruauté ! Que nous méritons ces paroles :

(1)   Est-il dit qu'on nous voie
       Faire festin de toute proie,
   Manger les animaux ? Et nous les réduirons
   Aux mets de l'âge d'or autant que nous pourrons !
        Ils n'auront ni croc, ni marmite.

C'est au spectacle de notre voracité, qu'un Loup se repentit des reproches qu'il se faisait sur sa cruauté,

(2) Quoiqu'il ne l'exerçât que par nécessité.

Il avait vu des bergers

(3)   Mangeant un Agneau cuit en broche.
         Oh ! oh ! dit-il, je me reproche
       Le sang de cette gent : voilà ses gardiens
            S'en repaissant, eux et leurs chiens ;
          Et moi, Loup, j'en ferais scrupule !
   Non, par tous les dieux, non ; je serais ridicule.
         Thibaut, l'Agnelet, passera
         Sans qu'à la broche je le mette !

C'est un autre Loup qui adresse à l'humanité, dans la personne d'Ulysse, cette raide apostrophe :

(4) Tu t'en viens me traiter de bête carnassière !
     Toi, qui parles, qu'es-tu ? N'auriez-vous pas sans moi
     Mangé ces animaux que plaint tout le village ?

(1) (2) (3) *Le Loup et les Bergers.*
(4) *Les compagnons d'Ulysse.*

Si j'étais homme, par la foi,
Aimerais-je moins le carnage ?
Pour un mot, quelquefois, vous vous étranglez tous.
Ne vous êtes-vous pas l'un à l'autre des Loups ?
Tout bien considéré, je te soutiens, en somme,
Que, scélérat pour scélérat,
Il vaut mieux être un Loup qu'un homme.

L'homme apporte le trouble parmi toutes les créatures, pourquoi se plaindraient-elles les unes des autres ? C'était le sentiment de la Perdrix désagréablement logée avec des Coqs incivils. — Ne les accusons point, — disait-elle justement,

(1) C'est de l'homme qu'il faut se plaindre seulement.

Aux protestations de l'animalité viennent se joindre celles d'un autre monde, soumis aussi à la tyrannie du même maître, le monde des plantes.

(2) L'arbre étant pris pour juge,
Ce fut bien pis encore. Il servait de refuge
Contre le chaud, la pluie et la fureur des vents :
Pour nous seuls il ornait les jardins et les champs.
L'ombrage n'était pas le seul bien qu'il pût faire,
Un rustre l'abattait ; c'était là son loyer,
Quoique pendant tout l'an, libéral il nous donne.
Ou des fleurs au printemps, ou des fruits en automne ;
L'ombre l'été, l'hiver les plaisirs du foyer.
Que ne l'émondait-on sans prendre la cognée ?
De son tempérament il eût encore vécu.

Que de végétaux mutilés peuvent en dire autant, et répéter avec le philosophe Scythe à l'émondeur acharné :

(1) *La Perdrix et les Coqs.*
(2) *L'Homme et la Couleuvre.*

> (1) Quittez-moi votre serpe, instrument de dommage,
> Laissez agir la faux du temps.

Mais les humains n'écoutent rien,

> (2) Ils font cesser de vivre avant que l'on soit mort.

Ainsi, point de trève pour les créatures, rien ne peut les soustraire à l'empire de l'homme : ni leur agilité, ni leurs armes, ni l'étendue de la terre.

> (3) Mais quoi ! l'homme découvre enfin toutes les retraites ;
> Soyez au milieu des déserts,
> Au fond des eaux, au haut des airs,
> Vous n'éviterez point ses embûches secrètes.

Tout cela est d'une fine et excellente observation. L'homme abuse de sa force, de son droit, l'univers est à lui, il n'y souffre personne, et quand un pauvre Lièvre passe dans son enclos, furieux il s'écrie, comme le jardinier à son seigneur :

> (4) Ce maudit animal vient prendre sa goulée.

Si nous avions à montrer quelle est sa goulée à lui, nous verrions combien de goulées de lièvres et de lapins il faudrait pour égaler la sienne.

Il y a, d'ailleurs, dans l'animalité, un secret instinct qui lui montre le danger de vivre trop près de ce tyran. A côté d'espèces qui, sachant qu'elles ne sont pas faites pour sa cuisine, se mêlent à lui sans appréhension, il en est d'autres qui, semblant connaître leur valeur... culinaire, se tiennent à l'écart. Lièvres et lapins, perdrix et chevreuils ont reçu cet instinct particulier de conservation.

(1) (2) *Le philosophe Scythe.*
(3) *Le Corbeau, la Gazelle, la Tortue et le Rat.*
(4) *Le Jardinier et son seigneur.*

La Fontaine a mis ce fait en relief dans deux fables charmantes. Dans la première, un Faucon invective un Chapon qui, sourd aux cris :

(1) Petit, petit, petit....

ne veut pas venir au maître.

(2) Je t'attends, es-tu sourd? Je n'entends que trop bien,
Repartit le Chapon. Mais que me veut-il dire?
Et ce beau cuisinier, armé d'un grand couteau?
Reviendrais-tu pour cet appeau;
Laisse-moi fuir, cesse de rire
De l'indocilité qui me fait envoler
Lorsque d'un ton si doux on s'en vient m'appeler.
Si tu voyais mettre à la broche
Tous les jours autant de Faucons
Que j'y vois mettre de Chapons,
Tu ne me ferais pas un semblable reproche.

Dans l'autre fable :

(3) Une Chèvre, un Mouton avec un Cochon gras,
Montés sur un même char, s'en allaient à la foire,
. . . .
Dom Pourceau criait en chemin,
Comme s'il avait eu cent bouchers à ses trousses.

Le Charton veut le faire taire, et lui montre la Chèvre qui se tient coi, et le Mouton qui ne dit un seul mot.

(4) . . . . Il est un sot,
Repartit le Cochon : s'il savait son affaire
Il crierait comme moi du haut de son gosier,

(1) *Le Faucon et le Chapon.*
(2) *Idem.*
(3) (4) *Le Cochon, la Chèvre et le Mouton.*

> Et cette autre personne honnête
> Crierait tout du haut de sa tête.
> Ils pensent qu'on les veut seulement décharger,
> La Chèvre, de son lait, le Mouton de sa laine.
> Je ne sais s'ils ont raison ;
> Mais quant à moi qui ne suis bon
> Qu'à manger, ma mort est certaine ;
> Adieu mon toit et ma maison.
> Dom Pourceau raisonnait en subtil personnage.

§ X

Chez les animaux qui ne peuvent s'élever à la subtilité de dom Pourceau, la nature, au lieu du raisonnement, a mis cet instinct sous forme d'une excessive timidité. La fable *Le Lièvre et les Grenouilles*, est le poëme de la peur dans l'animalité. C'est dans cette crainte maudite pourtant que ce Lièvre trouvait sa sécurité :

> (1) Il était douteux, inquiet :
> Un souffle, une ombre, un rien, tout lui donnait la fièvre.

Ailleurs, le poète nous montre cette timidité moins absolue, parce qu'elle est déjà doublée d'un peu de prudence, qui est déjà un peu de raisonnement. Voici les Grenouilles ; un roi vient, avec un grand fracas, de leur tomber des nues. On comprend

> (2) Que la gent marécageuse,
> Gent fort sotte et fort peureuse,

---

(1) *Le Lièvre et les Grenouilles.*
(2) *Les Grenouilles qui demandent un roi.*

S'alla cacher sous les eaux,
Dans les joncs, dans les roseaux,
Dans les trous du marécage.

L'immobilité du monarque

(1) Fit peur à la première,
Qui de le voir s'aventurant,
Osa bien quitter sa tanière.
Elle approcha, mais en tremblant;
Une autre la suivit, une autre en fit autant;
Il en vint une fourmilière.

Le même sentiment est non moins bien peint dans ce tableau si réaliste où les Souris, croyant Rodillard réellement pendu,

(2) Mettent le nez à la fenêtre,
Montrent un peu la tête,
Puis rentrent dans leurs nids à rats,
Puis ressortant font quatre pas,
Puis enfin se mettent en quête.

Voilà bien la crainte et la prudence.

Notons en passant que si cette timidité des animaux est conservatrice de leur existence, elle préserve l'homme lui-même de mille maux, même de la part des petites espèces. C'est parce que

(3) Ils ne sauraient manger morceau qui leur profite,

que, fort heureusement, des nuées de rongeurs s'éloignent de nous. N'avons-nous pas assez des Rats de ville? Que la peur, conservatrice de leur peau et de nos denrées, reconduise donc les Rats des champs chez eux :

(1) *Les Grenouilles qui demandent un roi.*
(2) *Le Chat et un vieux Rat.*
(3) *Le Lièvre et les Grenouilles.*

> (1) C'est assez, dit le rustique,
> Demain vous viendrez chez moi ;
> Ce n'est pas que je me pique
> De tous vos festins de roi.
>
> Mais rien ne vient m'interrompre.
> Je mange tout à loisir :
> Adieu donc. Fi du plaisir
> Que la crainte peut corrompre !

Cette timidité conservatrice des êtres, et surtout des chétifs et des mal armés, n'a pas été banalement départie à tous les êtres. Sa répartition témoigne, au contraire, une intelligence des conditions de la vie. La timidité chez la puce cesserait d'être conservatrice pour elle. J'en appelle au souvenir de ceux qui ont eu à souffrir de ces monstres ailés qu'on nomme les maringouins; qu'ils nous disent si ces insupportables buveurs de sang sont pusillanimes.

C'est en raison de cette effronterie que les plus petits êtres sont souvent les plus dangereux. Le Moucheron peut dire hardiment au Lion :

> (2) Penses-tu, lui dit-il, que ton titre de roi
> Me fasse peur, ni me soucie ?

L'effet suivit la menace :

> (3) L'invincible ennemi triomphe et rit de voir
> Qu'il n'est griffe ni dent en la bête irritée,
> Qui de la mettre en sang ne fasse son devoir.

L'homme lui-même n'accuse-t-il pas la puissance de

---

(1) *Le Rat de ville et le Rat des Champs.*
(2) *Le Lion et le Moucheron.*
(3) *Idem.*

ces chétifs adversaires, quand, invoquant Hercule et Jupiter,

> (1) Pour tuer une puce, il voulait obliger
> Ces dieux à lui prêter leur foudre et leur massue.

La Fontaine a mis encore en relief cette témérité des petits dans la fable *Le Coche et la Mouche*, et dans celle où un vieux Renard blessé est aux prises avec les Mouches. Lui aussi :

> (2) Il accusait les dieux et trouvait fort étrange,
> Que le sort à tel point le voulût affliger.

Ces traits de juste observation montrent que le fabuliste comprenait parfaitement que l'audace de ces petits vient de la conscience de leur invulnérabilité dans les luttes pour l'existence. Le Moucheron l'exprime très-bien, quand il dit au Lion :

> (3) Un bœuf est plus puissant que toi ;
> Je le mène à ma fantaisie.

C'est une des lois des combats pour la vie : celui des Rats et des Belettes se résume dans cette formule si juste :

> (4) Les petits en toute affaire
> Esquivent fort aisément ;
> Les grands ne le peuvent faire.

Il ne faudrait cependant pas croire que les petits n'ont pas leurs périls ; notre auteur dit très-finement :

> (5) Où la Guêpe a passé, le Moucheron demeure.

(1) *L'Homme et la Puce.*
(2) *Le Renard, les Mouches et le Hérisson.*
(3) *Le Lion et le Moucheron.*
(4) *Le combat des Rats et des Belettes.*
(5) *Le Corbeau voulant imiter l'Aigle.*

La Fontaine savait bien où est la roche Tarpéïenne de chacun : tous ont droit à la vie, et sous ce rapport les petits valent les grands, et le Rat peut dire sur le passage d'un Éléphant :

> (1) Nous ne nous prisons pas, tout petit que nous sommes.
> D'un grain moins que les éléphants.

Mais grands et petits donnent à manger à quelqu'un. Le Rat le sut à ses dépens :

> (2) Il en aurait dit davantage
> Mais le Chat sortant de sa cage,
> Lui fit voir en moins d'un instant,
> Qu'un Rat n'est pas un Éléphant.

La mêlée des êtres n'est pas absolue, nous l'avons montré à propos des attributions alimentaires ; mais il est d'autres moyens mis en œuvre par la nature pour modérer les conflits. Il y a des neutralités forcées et des milieux réservés et protecteurs.

L'Aigle est l'ennemi du Lapin et dédaigne l'Escarbot, mais le Lapin et l'Escarbot n'ont rien à se demander, et celui-ci réclamant à l'Aigle la vie du Lapin, exprime bien la neutralité qui les rapproche :

> (3) C'est mon voisin, c'est mon compère.

Une neutralité de ce genre associe encore, dans une entreprise commerciale, le Buisson, le Canard et la Chauve-Souris. Des milieux protecteurs séparent aussi des êtres que des compétitions alimentaires communes ou réciproques mettraient aux prises.

(1) *Le Rat et l'Eléphant.*
(2) *Idem.*
(3) *L'Aigle et l'Escarbot.*

(1) Contre les assauts d'un Renard,
Un arbre à des Dindons servait de citadelle.

Ailleurs :

(2) Maître corbeau, sur un arbre perché,

est bien encore à l'abri des convoitises du Renard, dont la condition est de contempler d'en bas les raisins, et ses meilleures proies.

(3) Sur la branche d'un arbre était en sentinelle
Un vieux Coq adroit et matois.
Frère, dit un Renard adoucissant sa voix,
Nous ne sommes plus en querelle.
Paix générale, cette fois ; descends, que je t'embrasse.

Le Coq ne quitta pas sa citadelle. C'est enfin à ce même Renard qu'un Chat disait au moment du danger :

(4) Fouille en ton sac, ami,
Cherche en ta cervelle matoise,
Un stratagème sûr ; pour moi, voici le mien.
A ces mots sur un arbre il grimpa bel et bien.

Si donc la nature a fait les oiseaux tributaires de la table du Renard, par une sage prévoyance elle a refusé à celui-ci les moyens de les poursuivre dans leurs derniers retranchements.

Il n'était pas possible de mieux démontrer les conséquences fâcheuses qui peuvent résulter pour les êtres de l'oubli des milieux qui leur conviennent, que dans ce

(1) *Le Renard et les Poulets d'Inde.*
(2) *Le Renard et le Corbeau.*
(3) *Le Coq et le Renard.*
(4) *Le Chat et le Renard.*

charmant tableau des misères de la Goutte et de l'Araignée.

> (1) Il n'est rien, dit l'Aragne, aux cases qui me plaise.
> L'autre, tout au rebours, voyant les palais pleins
> De ces gens nommés Médecins,
> Ne crut pas y pouvoir demeurer à son aise.

Voilà donc leur choix imprudemment fait ; la seconde

> (2) S'étend avec plaisir sur l'orteil d'un pauvre homme,
> Disant : Je ne crois pas qu'en ce poste je chôme,
> Ni que d'en déloger et faire mon paquet,
> Jamais Hippocrate me somme.

L'Aragne cependant se campe en un lambris. On conçoit leurs déconvenues qui se résument dans ce cri de désespoir de la Goutte :

> (3) Changeons, ma sœur l'Aragne. Et l'autre d'écouter ;
> Elle la prend au mot, se glisse en la cabane :
> Point de coup de balai qui l'oblige à changer ;
> La Goutte, d'autre part, va tout droit se loger
> Chez un prélat qu'elle condamne
> A jamais du lit ne bouger.

. . . .

§ XI

Malgré ces tempéraments apportés par la nature dans l'extension des luttes par le choix des milieux protecteurs où les animaux se retirent comme dans une citadelle, il ne faudrait pas croire qu'elle crée ainsi des privilèges

---

(1) (2) *La Goutte et l'Araignée.*
(3) *Idem.*

d'inviolabilité, et qu'il y ait des êtres affranchis des revendications universelles. Non, chaque espèce paie son tribut à la vie par quelque côté, c'est le côté faible. L'homme subit la loi commune ; d'infimes infusoires se glissent dans sa chair et dans son sang, et l'on voit alors éclater ces endémies mystérieuses qui s'appellent le typhus, la peste, la fièvre jaune, le charbon, la septicémie. Voici l'Aigle planant au plus haut des airs et plaçant son nid dans les lieux inaccessibles ; il a pourtant son côté faible, et ce côté, comme pour tous les oiseaux, c'est l'œuf. C'est dans l'œuf que l'oiseau subit la peine du talion, et paie sa dette. La Fontaine le comprenait bien, et la fable de l'Aigle et de l'Escarbot en est la preuve.

Maître Jean Lapin est mort malgré les prières de son compère l'Escarbot, laissant à ce chétif le soin de le venger. Que fera ce dernier contre l'Oiseau de Jupiter, à la tranchante serre, au bec formidable ?

(1)   L'Escarbot indigné
Vole au nid de l'oiseau, fracasse en son absence
Ses œufs, ses tendres œufs, sa plus douce espérance.

Voilà le premier acte de la vengeance, voici le second :

L'an suivant elle mit son nid en lieu plus haut.
L'Escarbot prend son temps, fait faire aux œufs le saut ;
La mort de Jean Lapin de rechef est vengée.

Au troisième acte de cette vendetta escarbotique, ce sont encore les œufs, que les dieux mêmes ne pourront sauver, qui paieront pour le coupable.

L'oiseau qui porte Ganymède,
Du monarque des dieux enfin implore l'aide,
Dépose en son giron ses œufs, et croit qu'en paix
Ils seront dans ce lieu ; que pour ses intérêts

(1) *L'Aigle et l'Escarbot.*

> Jupiter se verra contraint de les défendre ;
>> Hardi qui les irait là prendre.
>> Aussi ne les y prit-on pas.
>> Leur ennemi changea de note.
> Sur la robe du dieu fit tomber une crotte ;
> Le dieu la secouant jeta les œufs à bas.

Voilà le côté faible de l'oiseau ; l'œuf, toujours l'œuf, bien mis en relief.

C'est parce que les milieux protecteurs ne suffisent pas toujours à séparer les êtres que la nature a élevé d'autres barrières entre des adversaires acharnés. Elle aura des armées du jour et des armées de la nuit, qui ne pourront se heurter. C'est par un expédient de ce genre qu'elle mettra fin à la guerre de l'Escarbot et de l'Aigle.

> (1) Le monarque des dieux s'avisa pour bien faire
>> De transporter le temps où l'Aigle fait l'amour
>> En une autre saison, quand la race Escarbotte
>> Est en quartier d'hiver, et comme la Marmotte
>>> Se cache et ne voit point le jour.

Nous pourrions multiplier ces exemples de fine et juste observation de la nature qui abondent dans notre auteur. Personne n'a pris garde, par exemple, qu'il a montré les effets de l'hypnotisme bien avant qu'il en fût question. Voyez ce Renard fascinant par ses tours de pauvres Dindons perchés sur un arbre.

> (2) Il élevait sa queue, il la faisait briller,
>> Et cent mille autres badinages.
> Pendant quoi nul Dindon n'eût osé sommeiller.
> L'ennemi les lassait en leur tenant la vue
>> Sur le même objet toujours tendue.

(1) *L'Aigle et l'Escarbot.*
(2) *Le Renard et les Poulets d'Inde.*

Voilà le procédé dans toutes ses règles; voici l'effet :

(1) Les pauvres gens étaient à la longue éblouis.
Toujours il en tombait quelqu'un.

§ XII

La Fontaine n'a donc pas été un observateur ordinaire, il a souvent prouvé que derrière les faits il entrevoyait les lois qui régissent les êtres et les circonstances qui règlent ou tempèrent leurs conflits. M. Taine, dans sa belle étude sur le fabuliste, disait : « S'il a écrit un chapitre d'histoire naturelle, c'est au moyen d'un traité de mœurs; il ne pouvait en employer un autre, et l'on va voir qu'il n'y en a pas de meilleur. » Nous pensons avoir apporté quelques preuves nouvelles à cette pensée de l'éminent admirateur de notre poète. Nous dirons volontiers avec lui que La Fontaine « n'a pas besoin d'être érudit ». En effet, son génie d'observation le portait du premier coup *à la sensation de l'ensemble*, c'est-à-dire à la notion des relations générales des êtres, le point culminant de la philosophie naturelle. Il comprenait ce que disent les choses animées ou mortes,

(2) Et traduisait en langue des dieux
Tout ce que disent, sous les cieux,
Tant d'êtres empruntant la voix de la nature.

Ému, attentif, il lui suffisait d'écouter dans la forêt, sur les monts, dans la plaine, « au bord d'une onde pure, » pour percevoir le sens de ces murmures ou de ces éclats. Confus pour d'autres, ils avaient pour lui un sens clair :

(1) *Le Renard et les Poules d'Inde.*
(2) *Epilogue du onzième livre.*

> (1 Car tout parle dans l'univers,
> Il n'est rien qui n'ait son langage.

A part quelques passages où, pour les besoins d'un enseignement à tirer, il mêle et confond les attributions alimentaires, l'œuvre entière est harmonieuse et vraie. Les acteurs de ce drame multiple y restent dans la mesure des instincts qu'ils ont reçu, et des moyens qu'ils possèdent. La Fontaine en a fait, tant au point de vue naturel comme nous l'avons vu, que sous le rapport moral même, ainsi que le dit M. Taine, des caractères et des personnages qui ne se démentent jamais. Le Chat, le Renard, le Loup, le Lion, le Rat, sont toujours dans leur rôle, et l'exemple des passions multiples qui agitent l'humanité, ainsi que des mobiles qui la dirigent, quand la raison perd son empire. Le fabuliste pensait, d'ailleurs, que s'il est facile, dans un grand nombre de circonstances, de rapprocher l'homme des animaux, c'est qu'entre eux il y a quelque chose de commun qui les incline également vers la terre. C'est le côté matériel, qu'il nommait, subtilement peut-être : *les esprits corps.*

> (2) Je me suis souvent dit, voyant de quelle sorte
> L'homme agit et qu'il se comporte
> En mille occasions comme les animaux :
> Le roi de ces gens-là n'a pas moins de défauts
> Que ses sujets, et la nature
> A mis dans chaque créature,
> Quelque grain d'une masse où puisent les esprits ;
> J'entends les esprits corps et pétris de matière.

Cette remarque, à part la réalité des esprits corps, est profondément vraie ; au point de vue de la lutte pour

---
(1) *Épilogue du onzième livre.*
(2) *Les Lapins.*

l'existence, par exemple, que de points de contact, et *ventre affamé* est aussi sourd dans un monde que dans l'autre. Il y a cependant des réserves à faire, car les passions qui agitent les hommes sont souvent condamnables; tandis que les instincts qui dirigent les animaux sont des qualités nécessaires.

Ce qui montre combien La Fontaine avait profondément réfléchi sur la nature des êtres qu'il mettait en scène, pour en tirer des leçons à notre adresse, c'est sa tendance à philosopher sur ces hautes questions.

(1)   Ne trouvez pas mauvais
Qu'en ces fables aussi, j'entremêle des traits
  De certaine philosophie
  Subtile, engageante et hardie.

Il écrit ces paroles dans le discours à Mme de la Sablière, qu'il désigne sous le nom charmant d'Iris. Cette philosophie nouvelle était celle de Descartes,

(2) Descartes, ce mortel dont on eût fait un dieu
  Chez les païens......

Et cette philosophie soutenait

(3)   Que la bête est une machine;
Qu'en elle tout se fait sans choix et par ressort,
Nul sentiment, point d'âme, en elle tout est corps.
. . . .
  Sans passion, sans volonté,
  L'animal se sent agité
De mouvements que le vulgaire appelle
Tristesse, joie, amour, plaisir, douleur cruelle,
  Ou quelqu'autre de ces états.
Mais ce n'est point cela, ne vous y trompez pas.

(1) (2) (3) *Les Lapins.*

Malgré la parole de Descartes, La Fontaine hésite; il veut bien accorder

> (1) Que, quand la bête penserait,
> La bête ne réfléchirait
> Sur l'objet, ni sur sa pensée.

Mais quand Descartes soutient qu'elle ne pense nullement, l'acquiescement à cette doctrine est immédiatement suivi, chez le poète, de réserves formelles.

> (2) Cependant quand au bois
> Le bruit des cors, celui des voix
> N'a donné nulle relâche à la fuyante proie.
> Qu'en vain elle a mis ses efforts
> A confondre, à brouiller la voie,
> L'animal chargé d'ans, vieux cerf de dix cors,
> En suppose un plus jeune, et l'oblige par force
> A présenter au chien une nouvelle amorce.
> Que de raisonnements pour conserver ses jours !

Et plus loin, après avoir parlé des Castors :

> Que ces Castors ne soient qu'un corps vide d'esprit,
> Jamais on ne pourra m'obliger à le croire.

Quelle théorie pourra donc concilier l'automatisme de Descartes et ces faits certains ? Qui donnera aux bêtes l'intelligence, ou si l'on veut, la sagacité nécessaire dans leurs luttes, sans leur accorder la pensée; quelle faculté pourra tenir la place du raisonnement ? Abandonnant Descartes, La Fontaine, sur l'indication du rival d'Épicure, s'adresse à la mémoire :

> (3) L'animal n'a besoin que d'elle.
> L'objet, lorsqu'il revient, va dans son magasin
> Chercher par le même chemin,

---

(1) *Les Lapins.*
(2) (3) *Les deux Rats, le Renard et l'Œuf.*

> L'image auparavant tracée,
> Qui sur les mêmes pas revient pareillement
> Sans le secours de la pensée,
> Causer un même évènement.

Pensez-vous que maintenant ce procès soit jugé, et que le fabuliste philosophe se croit en possesion de la vérité sur ce grave sujet? Non, non, il n'appartient pas à la philosophie de pousser le verrou sur ces portes-là ; elles demeurent éternellement ouvertes pour nous.

> (1) Quand la Perdrix
> Voit ses petits
> En danger et n'ayant qu'une plume nouvelle
> . . . .
> Elle fait la blessée et va, traînant de l'aile,
> Attirant le chasseur et le chien sur ses pas.

Voilà la mémoire opérant dans un cadre charmant. Si le souvenir de ce stratagème maternel est nécessaire, la **Perdrix** pourra bien le recommencer chaque fois que l'occasion s'en présentera ; mais on se demande d'où vint à l'oiseau l'idée de l'employer la première fois? Il faut commencer avant de recommencer, et l'acte précède son souvenir. L'enfant ne se souvient pas des périls de ses ascendants, et si c'est un instinct héréditaire, ce n'est plus de la mémoire.

Mais voici un nouveau cas où non seulement la mémoire corporelle n'est plus au fond du sac, pour tirer d'embarras ces deux rats qui ont trouvé un œuf, mais où le raisonnement parallèle entre deux êtres amène un effort combiné.

> (2) L'un se mit sur le dos, prit l'œuf entre ses bras,
> Puis malgré quelques heurts et quelques mauvais pas.
> L'autre le traîna par la queue.

(1) (2) *Les deux Rats, le Renard et l'Œuf.*

Après un pareil trait, qui est un comble, comme on dirait aujourd'hui, le poète s'écrie avec raison :

>   (1) Qu'on m'aille soutenir, après un tel récit,
>   Que les bêtes n'ont point d'esprit.

Je ne jurerais pas de l'authenticité de l'expédient extraordinaire employé par ces deux Rats, cependant la science contemporaine est pleine de faits qui dénotent autant de sagacité et de combinaisons chez les animaux. Les Abeilles s'entendent pour rétrécir avec de la cire la porte de leur ruche, afin d'empêcher les Sphinx d'y entrer, et elles détruisent cette fortification passagère quand l'ennemi a disparu. Les Polyergues, qui vont faire des esclaves chez les Noir-Cendrées, ne sont pas moins étonnantes. A chaque pas, dans l'étude des luttes pour l'existence, La Fontaine pourrait renouveler son exclamation.

Il fallait cependant conclure cette dissertation philosophique, où le pour et le contre se montraient alternativement. Iris pouvait trouver qu'il était temps d'en finir. C'est alors que le poète termine ce feu d'artifice philosophique, par un bouquet d'un éclat incomparable, mais aussi fugace et peu durable que les bouquets en général, qu'ils soient de roses, d'artifices, ou de fleurs de rhétorique.

>   (2)   J'attribuerais à l'animal
>   Non point une raison selon votre manière,
>   Mais beaucoup plus aussi qu'un aveugle ressort.
>   Je subtiliserais un morceau de matière,
>   Que l'on ne pourrait plus concevoir sans effort,
>   Quintessence d'atôme, extrait de la lumière.

(1) *Les deux Rats, le Renard et l'Œuf.*
(2) *Les deux Renards et l'Œuf.*

> Je ne sais quoi de plus vif et plus mobile encor
> Que le feu : car enfin, si le bois fait la flamme,
> La flamme en s'épurant peut-elle pas de l'âme
> Nous donner quelque idée, et sort-il pas de l'or
> Des entrailles du plomb ? Je rendrais mon ouvrage
> Capable de sentir, juger, rien davantage,
>   Et juger imparfaitement,
> Sans qu'un singe jamais fît le moindre argument.

Il faut en effet un certain effort pour concevoir cette quintessence d'atôme constituant l'âme animale, surtout quand on se souvient que Gaudin, un calculateur, estimait qu'il eût fallu 250 millions d'années pour vider d'atômes une sphère grosse comme la tête d'une épingle, en en retirant 60 millions par seconde. Le poète gratifiait tous les êtres de cette âme animale,

> (1) Sages, fous, enfants, idiots.

Pour lui elle coexistait en nous avec l'âme immatérielle. Cet extrait de lumière qui juge imparfaitement est un rêve, car l'animal juge admirablement dans tout ce qui est nécessaire à sa conservation.

La psychologie animale est un abîme où la science positive et la philosophie jetteront longtemps la sonde en vain. Cher poète, laissez ce mystère qui vous tourmente, retournez à vos Loups et à vos Renards; vous pouvez vous en désintéresser, puisque lui-même,

> (2) Descartes, l'ignorait encore.

L'ignorance en ces matières n'humilie pas la raison, il n'appartient qu'à l'homme de connaître les limites de son clavier intellectuel. C'est déjà beaucoup de poser ces

(1) (2) *Les deux Renards et l'Œuf.*

questions, et de descendre sans vertiges dans ces profondeurs. Au lieu de subtiliser un morceau de matière pour en faire un objet incompréhensible, que ne répétiez-vous une seconde fois ce que vous disiez si bien à propos d'un autre problème :

(1) On ne l'apprend qu'au sein de la divinité.

§ XIII

M. Taine s'est légèrement moqué des dieux de La Fontaine ; ce sont, dit-il, « de bons petits dieux bien indulgents et quelquefois bien paternes. » L'Aigle pond dans le giron de Jupiter, et l'irrévérencieux Escarbot, « sur la robe du dieu, fait tomber une crotte. » Si parfois nous sommes tenté de sourire aussi à ces traits naïfs, et de trouver Jupiter bien bon enfant, nous savons cependant, sous ces formes archaïques, découvrir l'idée d'une Providence universelle qui condescend partout aux plus petits besoins de la créature, et lui est secourable en toute circonstance. Le dieu des Grenouilles, des Souris, de la Belette et de l'Araignée, se transforme pour nous en cette bonté suprême qui écoute les plaintes de tous et compatit aux misères communes. Loin de reprocher au poète d'avoir fait descendre la divinité jusqu'aux bêtes, nous le louons grandement d'avoir compris que l'ordre universel ne peut se contenter d'un dieu fainéant, si bien montée que l'on suppose la machine ronde. La Fontaine ajoute une grâce et une vérité de plus à ces tableaux, en donnant à chaque être comme un instinct de cette puissance supérieure dont la volonté régla leurs destinées avec mesure et tendresse,

(1) *Les deux Renards et l'Œuf.*

et sut tempérer les excès de la force pour la protection des faibles. C'est un ensemble complet dont la scène est l'univers.

> (1) Hommes, dieux, animaux, tout y fait quelque rôle,
> Jupiter comme un autre.

Le voyez-vous, en effet, non-seulement prêtant son giron à l'Aigle pour y pondre, mais écoutant sans répondre les menaces de l'oiseau royal après son troisième malheur.

> (2) Le pauvre Jupiter se tut,

et trouvant enfin dans sa sollicitude le moyen de faire cesser la guerre. Ailleurs il daigne interroger toutes les créatures et les invite à exprimer sans peur ce qu'ils trouveraient à redire dans leur composé. Plus loin,

> (3) Les Grenouilles se lassant
> De l'état démocratique,
> Par leurs clameurs firent tant,
> Que Jupin les soumit au pouvoir monarchique.

Dédaigneuses de leur roi Soliveau, elles recommencent leurs clameurs ;

> (4) Jupin en a bientôt la cervelle rompue.

Mais il condescend encore à leurs désirs.

> (5) Donnez-nous, dit ce peuple, un roi qui se remue.
> Le monarque des dieux leur envoie une Grue.

(1) *Le Bûcheron et Mercure.*
(2) *L'Aigle et l'Escarbot.*
(3) (4) *Les Grenouilles qui demandent un roi.*
(5) *Les Grenouilles qui demandent un roi.*

Les Grenouilles se plaindront encore, et de nouveau Jupiter sortira de son repos pour les engager, dans leur intérêt, à la patience.

(1)   Il devait vous suffire
Que votre premier roi fût débonnaire et doux.
De celui-ci contentez-vous,
De peur d'en rencontrer un pire.

Voici l'Araignée, à laquelle l'Hirondelle enlève ses Mouches au passage, et dont elle rend la vie malheureuse. C'est vers le ciel qu'elle dirige aussi sa plainte.

(2) O Jupiter, qui sus de ton cerveau,
Par un secret d'accouchement nouveau,
Tirer Pallas, jadis mon ennemie,
Entends ma plainte une fois dans ta vie.

Discours insolent, dit le poète, car la divinité n'a oublié personne.

(3) Jupin pour chaque état mit deux tables au monde :
L'adroit, le vigilant et le fort sont assis
A la première, et les petits
Mangent leurs restes à la seconde.

Si la Mouche et la Fourmi ont une contestation sur leurs mérites, c'est Jupiter qui sera pris à témoin de leur différend.

L'homme lui-même élève ses regards vers cette Providence universelle, dans ses misères. Un pauvre bûcheron a perdu sa cognée :

(1) *Les Grenouilles qui demandent un roi.*
(2) (3) *L'Araignée et l'Hirondelle.*

> (1) O ma cognée ! ô ma pauvre cognée,
> S'écriait-il, Jupiter rends-la moi,
> Je tiendrai l'être encore un coup de toi.

Partout notre auteur reconnaît cette condescendance, et parfois cette patience du souverain maître des choses, tout en l'exprimant d'une façon tant soit peu goguenarde :

> (2) Jupiter, dit l'impie, est un bon créancier,
> Il ne se sert jamais d'huissier.

Dans cette jolie fable où le Métayer obtint que Jupiter

> Lui donnât saison à sa guise,

l'expérience, on le sait, fut malheureuse. « Monsieur le receveur fut très-mal partagé, » et le Métayer demanda à résilier.

> (3) Jupiter en usa comme un maître très-doux.

Et le fabuliste ajoute aussitôt :

> (4)   Concluons que la providence
> Sait ce qu'il nous faut mieux que nous.

C'est la même pensée qu'il exprime encore en disant :

> (5) Dieu fait bien ce qu'il fait, sans en chercher la preuve
> En tout cet univers et l'aller parcourant,
> Dans les citrouilles je la treuve.

Légère ou grave en sa forme, la pensée de La Fontaine révèle toujours en lui un admirateur reconnaissant de la

---

(1) *Le Bûcheron et Mercure.*
(2) *Jupiter et le Passager.*
(3) (4) *Jupiter et le Métayer.*
(5) *Le Gland et la Citrouille.*

bonté créatrice. Nulle part il ne l'a plus noblement exprimée, bien que dans un langage approprié au ton de ses apologues, que dans la fable : l'*Eléphant et le Singe de Jupiter*. Le premier, en guerre avec le Rhinocéros, croit que le messager céleste vient assister aux luttes d'Eléphantide et de Rhinocère. Eh! non.

(1) Qu'importe à ceux du firmament
    Qu'on soit Mouche ou bien Éléphant?

Cela est vrai, mais ce n'est pas par dédain des uns ou des autres, car aux questions de l'Eléphant demandant au porteur de caducée : Alors « parmi nous que venez-vous donc faire ? » Celui-ci répond ces paroles simples et profondes, par lesquelles nous terminons cette étude, car elles résument bien l'idée que La Fontaine se faisait de la Providence :

Partager un brin d'herbe entre quelques fourmis.

(1) *L'Eléphant et le Singe de Jupiter.*

FIN.

BREST. — IMP. F. HALÉGOUET, RUE KLÉBER, 11

www.ingramcontent.com/pod-product-compliance
Lightning Source LLC
LaVergne TN
LVHW022128080426
835511LV00007B/1073